Rainald Bierstedt

CITIUS – ALTIUS – FORTIUS:
TRAINIEREN UND WETTKÄMPFEN IM GOLF
Gib dein Bestes, Leistung macht Spaß!

Teil 4 der 5-teiligen Reihe
Beiträge zur Verbreitung der Olympischen Idee im Juniorgolfsport

Die 5-teilige Reihe im Überblick:

Teil 1:
OLYMPISCHE SPIELE UND GOLF
Schau kurz zurück, um Künftiges besser zu überblicken!

Teil 2:
OLYMPISCHE IDEE UND IDEALE IM GOLF
Grundlegende Orientierung auch für dich!

Teil 3:
FAIR GEHT VOR! UND SPIRIT OF THE GAME
Zeige, dass du Sportsgeist hast!

Teil 4:
CITIUS – ALTIUS – FORTIUS:
TRAINIEREN UND WETTKÄMPFEN IM GOLF
Gib dein Bestes, Leistung macht Spaß!

Teil 5:
GOLF-OLYMPISCHES WORKBOOK
Festige bzw. teste dein Olympisches Wissen!

Rainald Bierstedt

CITIUS-ALTIUS-FORTIUS: TRAINIEREN UND WETTKÄMPFEN IM GOLF

Gib dein Bestes, Leistung macht Spaß!

Teil 4
der 5-teiligen Reihe
Beiträge zur Verbreitung der Olympischen Idee im Juniorgolfsport

Bibliografische Information der Deutschen Nationalbibliothek:
Die Deutsche Nationalbibliothek verzeichnet diese Publikation in der Deutschen Nationalbibliografie; detaillierte bibliografische Daten sind im Internet über http://dnb.d-nb.de abrufbar.

2. Version Februar 2017

© Rainald Bierstedt 2017

Herstellung und Verlag:
BoD - Books on Demand, Norderstedt
ISBN 978-3-7431-9704-6

Die Beiträge des Autors zur Verbreitung des Olympischen Gedankens im Golfsport stützen sich im Wesentlichen auf Erfahrungen und Erkenntnisse aus seinen zurückliegenden Tätigkeiten seit 1995 als ...

- Lehrer für das Wahlpflichtfach 1 und 2 Golfsport an der Grund- und Gesamtschule Spreenhagen (bei Berlin) sowie an der 1. Oberschule Fürstenwalde (jetzt Spree-Oberschule),
- Leiter einer Schulsport-AG Golfsport im Rahmen der Jugendinitiative „Abschlag Schule" des DGV u. der VcG,
- Projektleiter des DGV-Schülerprojekts Golf-WM 2000,
- Mitorganisator bei der deutschlandweiten Einführung bzw. Etablierung von Golf in JUGEND TRAINIERT FÜR OLYMPIA,
- Beauftragter für Schulgolf des Landes Brandenburg im Auftrag des Ministeriums für Bildung, Jugend und Sport,
- Verantwortlicher für die Durchführung der Brandenburger Landesfinals Golf JUGEND TRAINIERT FÜR OLYMPIA,
- Durchführender diverser Projekte GOLF& OLYMPIA,
- Jugendwart eines Golf Clubs,
- Schulsportbeauftragter eines Golf Clubs,
- Teilnehmer an einem Trainer-C-Lehrgang Breitensport / Schulgolfsport,
- Lehrbeauftragter an der Universität Potsdam, Institut für Sportwissenschaften, für das Themenfeld „Pädagogische Aspekte des Golfsports",
- Verantwortlicher für 17 Lehrer-Fortbildungsveranstaltungen „Schulgolfsport" im Land Brandenburg,
- Gestalter und Betreuer der Info-Points „Golf & Schule" sowie „Golf–Olympia–Jugend" im Resort A-Rosa Scharmützelsee, in Kooperation mit der Deutschen Olympischen Gesellschaft,
- Referent zu Fragen des Schulgolfsports, u.a. an der Deutschen Sporthochschule Köln
  sowie
- als Autor von 25 Publikationen über Golfsport.

Mit

freundlicher Empfehlung

INHALT

Einleitung 8

I. Was bedeutet eigentlich:
   Citius – Altius – Fortius? 10

II. Das Beste geben –
    auch auf der Trainingsrunde 14

III. Golf als Wettkampfsport.
     Ein kurzer Überblick 40

Anhang: Literaturhinweise 50

Einleitung

Hallo Golffreunde,

das Internationale Olympische Komitee (IOC) hat bekanntlich die drei Worte „Citius. Altius. Fortius" als Wahlspruch für das Streben der Olympischen Bewegung festgeschrieben.

Aber wusstet ihr, dass dieser Spruch von einem Priester stammt? Nein, noch nie davon gehört? Grund genug, mehr darüber zu lesen, im 1. Kapitel.

Vor dem Wettkampf steht immer das regelmäßige und fleißige Training. Auf der Driving Range, auf dem Golfplatz, in der Indoor-Anlage, der Turnhalle oder im Fitnessstudio. Hier im 2. Kapitel dreht sich alles nur um das Training auf dem Platz. Ein Pro ist mit vier Schülern des Wahlpflichtfaches Golf auf der Runde unterwegs und gibt vor allem spieltaktische Tipps. Sicherlich sind auch viele für euch dabei.

Der Wettkampf ist „das Salz in der Suppe", sagt man. Wettspiele, Turniere haben schon ihren besonderen Reiz. Sie sind Höhepunkt und Ausgangspunkt zugleich. Und oftmals liegen Freud und Leid dicht beieinander.

Um euch zu helfen, den Wettkampf richtig einzuordnen, anbei im 3. Kapitel einige Gedanken und Vorschläge.

Und immer daran denken: Leistung macht Spaß!

In diesem Sinne, schönes Spiel!

Der Autor

„… zielt der Olympismus darauf ab,

eine Lebensart zu schaffen,

die auf der

Freude an Leistung …

aufbaut."

Aus der Charta des IOC
in der Fassung vom 2. August 2016

I. Was bedeutet eigentlich die Devise: Citius – Altius – Fortius?

Über diese **Olympische Devise** heißt es in Regel 10 der Charta des IOC:

„Der olympische Wahlspruch ‚Citius. Altius. Fortius' bringt das Streben der Olympischen Bewegung zum Ausdruck."

Wusstet ihr, dass dieser Spruch vom Dominikanerpater Henri Didon stammt?

Am 7. März 1891 nahm der Pater an der Eröffnung des ersten Schülersportfestes des Dominikaner-Kollegs Albertus-Magnus in Arcueil, nahe von Paris, teil. Er gab in seiner Ansprache den Mitgliedern seines Schulsportvereins einen Leitspruch mit auf den Weg gab:

das lateinische
„citius, altius, fortius".

wörtlich:
„schneller, höher, stärker".

(im deutschen oft mit „schneller, höher, weiter" übersetzt).

Henri Didon sah darin das Fundament und die Begründung des Sporttreibens überhaupt.

Pierre de Coubertin, damals Generalsekretär der französischen Vereinigung der Schüler-Sportvereine (U.S.F.S.A.), war als Wettkampfleiter dabei und zeigte sich von dieser Ansprache und dem Leitspruch tief beeindruckt. Nur wenige Tage danach zitiert er diesen Gedanken von Pater Didon in einem Artikel in der Zeitschrift „Les Sport Athlétiques".

Im Juni 1894 tagte der Gründungskongresses des IOC in Paris. Auf der Schlusssitzung schlug Coubertin dann diesen Spruch als Devise für das neugegründete internationale Komitee der Olympischen Spiele, wie das IOC am Anfang hieß, vor.

In Antwerpen 1920 tauchten diese drei Wörter erstmals bei Olympischen Spielen auf. Das Belgische Olympische Komitee stiftete eine Ehrenfahne, auf der neben den fünf Olympischen Ringen „citius, altius, fortius" zu lesen war.

Seitdem wird bei der Schlussfeier der Olympischen Spiele diese Fahne der nächsten Olympiastadt feierlich übergeben

Erst 1949 findet die Devise Eingang in die offizielle IOC-Satzung.

Wie wir der aktuellen Charta des IOC entnehmen konnten, hat also das IOC das Streben im Sinne von schneller, höher und stärker/weiter im Blick.

In Anlehnung an den Urheber dieses Mottos, Pater Didon, der hierin eine christlich-soziale Vision sah, geht es vor allem um individuelle Anstrengungen im Sinne der Vervollkommnung von Körper im Einklang mit Geist und Seele.

Die olympische Leistungserwartung hat demnach eine ***individuelle Dimension.*** Daher geht es nicht, wie oft behauptet wird, um den Sieg um jeden Preis. Der Sieg ist zwar der höchste Ausdruck sportlicher Fähigkeit, aber er ist eben nicht alles. Olympisch handelt auch derjenige, der

- ❖ sein persönlich Bestes gibt,
- ❖ der um die Erreichung seiner individuellen Leistungsziele kämpft.

Als olympisch in diesem Sinne kann jedes Streben nach Verbesserung des eigenen Könnens gewertet werden, auf welcher Ebene auch immer, auf der Ebene des Leistungssports oder des Breitensports.

Die olympische Devise citius, altius, fortius ist als eine Aufforderung zu verstehen,
- sich sportliche Ziele zu setzen,
- beharrlich und regelmäßig zu üben,
- wirklich wetteifern zu wollen,
- Leistungsbereitschaft und Leistung zu zeigen,
- ein individuell gutes Resultat anzustreben und
- Freude an der Leistung zu haben.

Fazit:
Der olympische Leitgedanke „citius-altius-fortius" (schneller-höher-stärker) ist zuallererst eine Aufforderung zur individuellen Leistungsbereitschaft, etwas besser zu können als bisher und auf dem Wege dazu, auch Freude zu empfinden.

Vollinhaltlich trifft dies auch auf den Juniorgolfsport zu. Beim Golfsport werden starke persönlichkeitsbildende Wirkungen im Sinne des Olympismus freigesetzt. Dann nämlich, wenn ...

- die Könnensverbesserung (z.B. bei weiten Abschlägen)

    sowie

- das Leistungserleben (z.B. nach einem gut gespielten Turnier)

Stolz und Zufriedenheit hervorrufen sowie das Bestreben wecken, das nächste Mal es mindesten genauso gut oder gar noch besser machen zu wollen. Der Golfer hat dabei nicht vorrangig seinen Mitspieler im Blick, sondern vielmehr sich selbst, sein eigenes Spiel, seine eigene Taktik auf dem Golfcourse.

„Leistung macht Spaß" –
unter diesem Motto greift die Deutsche Olympische Gesellschaft (DOG) den „citius/altius/fortius"- Gedanke auf. Es lohnt sich über dieses Leitmotiv nachzudenken:

„Leistung macht Spaß heißt für uns, sich Ziele zu setzen und dafür sein Bestes zu geben, Freude am Lernen und Üben zu entwickeln und dabei stets fair, teamorientiert und tolerant zu sein – Eigenschaften, die sowohl im Sport als auch in der Gesellschaft insgesamt Gültigkeit besitzen."

In diesem Sinne gilt es, abzuschlagen auch bei ...

JUGEND TRAINIERT FÜR OLYMPIA

Sicherlich findest du auf den folgenden Seiten den einen oder anderen Tipp für deine Vorbereitung bzw. deinen Start bei JTFO oder anderen Wettspielen.

II. Das Beste geben – auch auf den Trainingsrunden

Grundsätzliches

A) Vor dem Gang zum 1. Tee: Aufwärmen
Warum ist das Warming up so wichtig?
Bedenke, das Aufwärmen erfüllt drei Funktionen:
- ❖ Beweglichmachung der Gelenke,
- ❖ Erwärmung und Vordehnung der Muskulatur und
- ❖ Mobilisierung des Herz-Kreislauf-Systems.

Durch solche Übungen wird der Golfer erst spiel- und belastungsfähig. Schließlich dauert eine Golfrunde so etwa 4 bis 5 Stunden. Außerdem sind sie wichtige Voraussetzungen für Erfolg und Freude am Spiel. Das Wichtigste aber: Vermeidung von Verletzungen. Wer „kalt" an den Start geht, zieht sich sehr schnell eine Zerrung oder ähnliches zu.

B) Mit einem Plan auf die Runde gehen!
Schon bald macht man die Erfahrung, dass man besser zum Ziel gelangt, wenn man sich vorher einen „Schlachtplan" macht. Oder besser einen „Schlagplan". Mit Plan geht' s also auf die Runde, denn die Taktik spielt auch beim Golfen eine große Rolle, ist ein leistungsbestimmender Faktor. Als Golfer überlegt man sich:
    WIE schlage ich den Ball mit möglichst wenigen Schlägen ins Loch? Ich brauche einen Plan, ein Konzept für jedes Loch.

Nach diesem Konzept werde ich dann handeln. Das heißt, meine spieltaktischen Überlegungen sind dann Ausgangspunkt für mein taktisches Verhalten, also meine Spielhandlungen auf dem Platz. Taktisches Verhalten ist demnach ein planvolles Vorgehen auf der Grundlage von Gedanken, die ich mir vorher gründlich gemacht habe, für das zu spielende Loch, ja für jeden Schlag.

Dabei ist klar, all dies hängt ab von den schlagtechnischen Voraussetzungen des Spielers ab und natürlich auch von der körperlichen Gesamtverfassung sowie der Fähigkeit, die Spielsituation genau analysieren zu können.

Zur besseren Einstimmung auf taktische Überlegungen hier einmal drei unterschiedliche Herangehensweisen zu folgender Spielsituation:
Balllage: Entfernung zur Fahne ca. 250 Meter. Dazwischen liegt bei etwa 130 Metern ein Wasserhindernis.

Überlegungen von Golfer A:
Okay, ich lass mich nicht ablenken! Ich stelle fest, die Spielbahn ist fast geradlinig. Das Wasser liegt ziemlich weit vorn, stört aber nicht. Der gefährliche Bunker ist rechts neben dem Grün. Also, ich werde das Grün direkt mit einem Schlag angreifen, dann ein Chip bzw. ein bis zwei Putts. Mein Ziel: 3-4 Schläge insgesamt.

Überlegungen von Golfer B:
Das muss doch zu schaffen sein, den Ball per Abschlag übers Wasser zu bringen. Ich werde den Ball knapp hinter das Hindernis mitten aufs Fairway platzieren. Dann mit dem Eisen 9 den Ball vor das Grün „legen". Der folgende Pitch wird meinen Ball dicht ans Loch bringen. Mit dem 3. Schlag bin ich also auf dem Grün, dann ein bis zwei Putts. Runde 5 Schläge sind O.K.

Überlegung von Golfer C:
Oh, je, ein Wasserhindernis! Bleib ganz cool, überlege! Ja, so werde ich es tun: Also, ich gehe kein Risiko ein und werde keinen „Gewaltschlag" machen. Daher werde ich versuchen, den Ball vor dem Wasser zu platzieren. Mit dem zweiten Schlag dann sicher über das Wasser. Für die Strecke bis zum Grün plane ich einen weiteren Schlag ein. Mein vierter Schlag wird ein Chip aufs Grün sein und noch zwei Putts und ich habe mit 6 Schlägen ein Doppel-Bogey. Ja, so gehe ich dieses Loch an. Das passt.

FAZIT:

- ❖ Es lohnt sich, gezielte Überlegungen anzustellen.
- ❖ Es gibt meistens mehrere Möglichkeiten, das spielerische Problem zu lösen.
- ❖ Wähle die, die deinem Spielvermögen entspricht.
- ❖ Taktik hängt natürlich von der Technik ab. Also von der Beherrschung der einzelnen Schlagvarianten.

Bedenke auch diese spieltaktischen Tipps:

1. Informiere dich:
Besorge dir Informationen über den Golfplatz. Nutze z. B. den Masterplan, den Birdie-Maker oder das Loch-Layout.

2. Stelle fest:
Wo sind die Bunker? Wo ist Wald? Wo sind Wasserhindernisse? Wo ist Out of Bounds? (das Aus). Wo gibt es Hanglagen?

3. Finde wichtige Entfernungen heraus:
Wie viel Meter sind es vom Tee bis zum Fairway? Wie weit ist es bis zum Bunker oder zum Wasser? Wie ist die Distanz von Fairwaymitte bis zum Grün?

4. Schaue dich um:
Prüfe, von wo kommt der Wind? Wie stark bläst er etwa?

5. Schätze ein:
Was könnte für dich eine „Gefahr" werden? Ist es vielleicht das Rough oder der Grünbunker? Meide diese Stellen.

6. Überlege:
Wie du den nächsten Schlag und die weiteren Schläge machen willst: Wie weit, hoch oder flach, mit welchem Schläger welche Schlagart?

7. Handle jetzt:
Spiele das, was du am besten kannst. Gehe anfangs keine unnötigen Risiken ein. Keine Gewaltschläge.

8. In der Ruhe liegt der Erfolg:
Bleibe also stets ruhig, ärgere dich nicht, wenn´s mal nicht so klappt, konzentriere dich jetzt voll auf den nächsten Schlag.

Und schließlich noch dies:

Das Studieren des *Loch-Layouts* gehört ebenfalls zur taktischen Ausbildung eines Golfers.

Bevor man den Abschlag geht, informiert man sich dort ausführlich über die Spielbahn. Hier ein Beispiel:

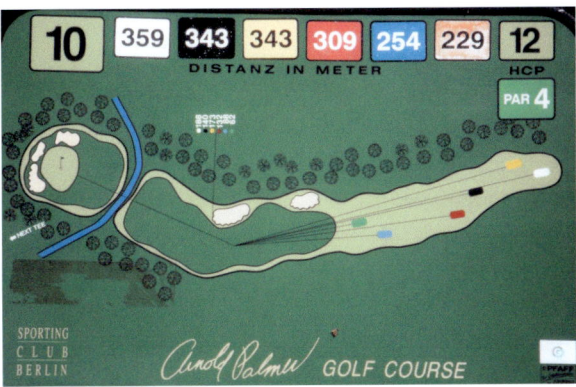

Ein Loch-Layout

Diese Tafel gibt folgende Infos preis:

- ❖ Spielbahn 10
- ❖ Par 4
- ❖ Hcp 12, d. h. ist die 12t-schwierigste Bahn
- ❖ leichtes Dog-Leg nach rechts
- ❖ Meterangaben und Positionen: Abschlag; Fairway; Bunker; Fahne; Wald an der rechten Spielbahn; Baumgruppe an der linken Spielbahn; frontales Wasserhindernis, sehr schmal; 3 Grün-Bunker, die das Grün verteidigen; Hinweis zum Next Tee nach links.

Spieltaktische Situationen

Begleiten wir nun Pro Fredrik Eliasson, der mit Schülern auf dem Platz differenzierte spieltaktische Situationen durchgeht, als Vorbereitung auf das nächste Wettspiel.

Auf dem Abschlag:

Spielsituation 1:
Ein leichtes Dog-Leg, Par 5. Am Beginn der Spielbahn liegt ein Bunker, sonst keine besonderen Hindernisse.
Taktische Überlegung:
Besonders beim 1. Abschlag besonnen vorgehen. Stärkt das Selbstvertrauen, erhöht die Vorfreude. *Schlagart:* Langer Schlag, voller Schwung. Aber keinen Gewaltschlag! *Schlägerwahl:* Um sicher zu spielen, verzichte beim Abschlag auf ein Holz, nimm Eisen 3 oder 4.

Spielsituation 2:
Ein langes Par 4. Der Abschlag liegt leicht erhöht. „Gefahren" lauern erst in Grünnähe.
Taktische Überlegung:
Die Spielbahn ist lang und verläuft ziemlich geradlinig. Also, schlage den Ball weit hinaus. *Schlagart:* Drive, voller Schwung. Achte auf deinen Griff! *Schlägerwahl:* Driver oder Holz 3.

Spielsituation 3:
Eine Par 3-Spielbahn. Das Loch ist etwa 120 m entfernt. Aber vor dem Grün befindet sich ein „gelbes" Wasser, also ein frontales Wasserhindernis mit viel Schilf.

Taktische Überlegung:
Die Spielbahn ist sehr kurz. Der Wind ist günstig. Das Wasserhindernis sieht zwar sehr gefährlich aus, ist aber schmal und dürfte eigentlich kein Problem darstellen. Versuche, das Grün direkt anzuspielen.
Schlagart: Kurzer Schlag, voller Schwung.
Schlägerwahl: Eisen 8

Spielsituation 4:
Unsere junge Golferin hat den Ball leider getoppt.
Der Ball hoppelte wie ein Häschen über das Gras und liegt nun am Rande des Abschlags.

Taktische Überlegung:
Leider hast du den Ball nicht richtig getroffen. Du musst jetzt den Ball spielen wie er liegt. Bringe ihn sicher auf das Fairway. Dann treibst du den Ball mit zwei weiten Schlägen bis ans Grün heran.
Schlagart: Mittlerer Schlag, 3/4 Schwung.
Schlägerwahl: Eisen 6

Zwischen Abschlag und Grün

Spielsituation 5:
Der Ball ist dort, wo jeder Golfer ihn haben will, mitten auf dem Fairway. Super! Bis zum Loch sind es aber noch ca. 300 m.

Taktische Überlegung:
Der Ball liegt gut. Die Spielbahn ist ziemlich lang und nicht allzu breit. Man könnte mit einem Fairwayholz oder einem mittleren/langen Eisen spielen.

Schlagart: Langer Schlag, voller Schwung.
Schlägerwahl: Eisen 3-5. Später versuchst du es ´mal mit Holz 5.

Spielsituation 6:
Die Hälfte der Spielbahn ist geschafft. Der Ball befindet sich auf dem Fairway, etwa 4 große Meterschritte vor der roten Entfernungsmarkierung im grünen Gras. Bis zum Grünanfang sind es also noch ca. 146 m.

Taktische Überlegung:
Die Situation ist eigentlich klar. Vom Fairway aus kannst du mit einem Schlag über den Bunker hinweg das Grün erreichen. No Problem, oder?

Schlagart: Mittlerer Schlag, voller Schwung.
Schlägerwahl: Eisen 5 (oder 6)

Spielsituation 7:
Noch immer spielen wir auf dem Fairway und das ist gut so. Bis zum Flaggenstock sind es etwa 80 m.

Taktische Überlegung:
Die Balllage ist günstig.
Nichts steht einem Schwung im Wege.
Allerdings sind die
80 m bis zur Pin nicht zu unterschätzen.

Schlagart: Kurzer Schlag, ¾ Schwung.
Schlägerwahl: Pitching-Wedge oder Eisen 9

Spielsituation 8:
Platsch, nun liegt er oben auf dem Sand mitten im Fairwaybunker. Das ist jedoch kein Grund, um nervös zu werden. Die Bunkerkante ist flach.

Taktische Überlegung:
Bis zur Fahne nur noch etwa 150 m.
Ich denke, der Ball muss zunächst sicher heraus und gleichzeitig
so weit wie möglich geschlagen werden,
ohne zu verkrampfen.

Schlagart: Mittlerer Schlag, voller Schwung.
Schlägerwahl: Eisen 6 (oder Eisen 5)

Spielsituation 9:
Noch einmal im Fairwaybunker: Der Ball landete dicht neben der Bunkerkante im Sand.

Taktische Überlegung:
Ein langer Schwung ist hier nicht möglich, den Ball direkt zu treffen auch nicht.
Also, ich muss mehr von oben kommen und zuerst in den Sand hinein schlagen, der dann den Ball herausbefördert, explosionsartig. Hoffentlich!

Schlagart: Recovery-Schlag
Schlägerwahl: Sand-Wedge

Spielsituation 10:
Die Situation ist übersichtlich. Der Ball liegt im Semi-Rough oben auf einem Grasbüschel. Das Grün ist vorn zu erkennen.

Taktische Überlegung:
Balllage und gewünschter Ballflug sind entscheidend für die Technik.

Der Ball liegt oben auf dem Gras, also gut geeignet für einen weiten Schlag.
Schlagart: Mittlerer Schlag, voller Schwung.

Schlägerwahl: Eisen 5 oder 6.

Spielsituation 11:
Der Ball liegt nun tief im Rough, nur wenige Meter vom Fairway entfernt.

Taktische Überlegung:
Tief im Gras!
Der Ball soll aber
unbedingt heraus.
Also muss er
hoch hinaus.
Und er soll auf dem
nahe gelegenen Fairway landen.

Schlagart: Recovery-Schlag
Schlägerwahl: Eisen 9 oder Sand-Wedge

Spielsituation 12:
Der Ball landete im Wald und wurde gefunden. Der provisorische Ball, der vorsorglich gespielt wurde, kann aufgenommen werden.

Taktische Überlegung:
O.K., die Situation ist nicht
ganz einfach.
Zunächst müsste man ein paar
Zweige vom Ball wegräumen.
Ein weiter Schlag ist aufgrund
der Baumdichte unmöglich.
Bleibt also nur, den Ball auf
das Fairway zurückzubringen.

Schlagart: Recovery-Schlag
Schlägerwahl: Eisen 9

Spielsituation 13:
Der Ball befindet sich auf einer Straße, auf einem befahrbaren Weg, der erst kürzlich angelegt wurde. Somit gehört dieser Weg zu den unbeweglichen Hemmnissen.

Taktische Überlegung:
Natürlich könnte man den Ball spielen wie er liegt. Doch bei diesem steinigen Belag würde ich das nicht tun. Ziehe deine Regelkenntnisse zu Rate.
Und? Richtig, man kann Erleichterung in Anspruch nehmen. Vom Fairway aus schlägt es sich auf jeden Fall besser.

Schlagart: Mittlerer Schlag, voller Schwung
Schlägerwahl: Eisen 5

Spielsituation 14:
Er liegt am Rande des (frontalen) Wasserhindernisses, er ist dennoch 'drin.
Doch Golfer haben keine Angst vorm Wasser.

Taktische Überlegung:
Nicht verzweifeln!
Der Ball liegt zwar drin, ist aber, so glaube ich, spielbar.
Man sollte versuchen, den Strafschlag zu vermeiden.

Schlagart: Kurzer Schlag, voller Schwung
Schlägerwahl: Eisen 9

Spielsituation 15:
Platsch, weg ist er. Die Situation ist eindeutig: Das „gelbe" Wasserhindernis hat den Ball „verschlungen".

Taktische Überlegung:
Das Wasserhindernis verläuft quer zur Spielbahn. Da der Ball nunmehr weg ist, wäre es ratsam, zurückzugehen und in beliebiger Entfernung hinter dem Wasser auf der geraden Linie:
Loch – „Wassereintrittsstelle" mit einem Strafschlag zu droppen.

Schlagart: Kurzer Schlag, ¾ Schwung
Schlägerwahl: Pitching-Wedge oder Eisen 9

Spielsituation 16:
Der Ball fiel in ein seitliches Wasserhindernis (rot). Zwischen Schilf und hohem Gras tauchte er ab.

Taktische Überlegung:
Aus dem Wasserhindernis zu spielen ist nicht möglich.
Das Spiel muss von außerhalb weitergehen.
2 Möglichkeiten:
a) Schlag mit Risiko über das Wasserhindernis.
Schlagart: Pitch
Schlägerwahl: Sand-Wedge;

b) Schlag ohne Risiko vorbei am Wasser.
Schlagart: Halber Schwung; *Schlägerwahl:* Pitching-Wedge

Jetzt geht´s über Berg und Tal.

Technisch-Taktische Überlegung:
Man muss die Ansprechsituation und den Schwung der jeweiligen Hanglage anpassen.

Spielsituation 17:
Die Bergauf-Lage.

Dem Hang anpassen heißt:
- Stand rechtwinklig zum Hang
- Schultern parallel zum Hang
- Gewicht mehr auf das re. Bein
- Ballposition: Körpermitte
- zum Ziel ausrichten
- längeren Schläger nehmen
  Empfehlung: Eisen 4 oder 5

Spielsituation 18:
Die Bergab-Lage.

Dem Hang anpassen heißt:

- Stand rechtwinklig zum Hang
- Schultern parallel dazu
- linkes Bein mehr belasten
- Ball von der Mitte spielen
- direkt zum Ziel ausrichten
- eine Schläger-Nr. kürzer
  als „normal" wählen

Spielsituation 19:

Ball liegt höher als die Füße.

Dem Hang anpassen heißt:

- ❖ Ball höher als Füße bedeutet: Abstand Ball-Hände verringert sich
- ❖ Schläger kürzer greifen
- ❖ flachere Schwungebene
- ❖ rechts vom Ziel ausrichten
- ❖ Eisen 5 – 7

Spielsituation 20:

Ball liegt tiefer als die Füße.

Dem Hang anpassen heißt:
- ❖ Ball tiefer als Füße bedeutet, der Abstand Ball-Hände vergrößert sich
- ❖ etwas mehr die Knie beugen und näher zum Ball treten
- ❖ hieraus ergibt sich eine steilere Schwungebene
- ❖ links vom Ziel ausrichten
- ❖ Balllage etwas links von der Mitte
- ❖ Eisen 5 – 7

Trinken und essen nicht vergessen!

Zwischendurch solltest du das Trinken und Essen nicht vergessen. Die Nahrungsaufnahme während der Golfrunde kann entscheidend für deine Leistung sein. Denke daran, du bist ca. 4 Stunden unterwegs, Einsteiger oft noch länger. Deshalb:

- ❖ Lasse nicht zu, dass du schlapp machst oder einen „Hungerast" bekommst oder Durst spürst.

- ❖ Wer Energie verbraucht, musst seinem Körper energiereiche Stoffe zuführen, gewissermaßen als Treibstoffe für deine Muskeln und das Nervensystem.

- ❖ Bei Hitze können bereits nach 2 Stunden auf dem Golfplatz ca. 3 Liter deiner Körperflüssigkeit durch Schweiß verdunsten.

- ❖ Nicht zu trinken ist daher gesundheitsgefährdend.

Gibt es eine Frühstückspause während der Runde?
Natürlich nicht. Nutze ruhige Phasen während der Golfrunde. Iss und trink zwischendurch, zum Beispiel:

- ❖ am Abschlag, wenn ihr noch nicht abschlagen könnt,
- ❖ auf dem langen Weg hin zum Ball,
- ❖ beim Ballsuchen,
- ❖ auf dem Fairway, wenn nach dir noch 2 oder 3 Spieler schlagen müssen usw.

Manchmal muss man ganz schön lange warten, du kennst das ja. Das sind gute Möglichkeiten, um seinen Akku aufzuladen.
Doch Achtung: Dabei darf niemand beim Spiel gestört werden!
Iss und trinke etwas, bevor du hungrig und durstig wirst!
Aber was?
Nein, nein, nein: Keine Bouletten, keine Hamburger und auch keine Nuggets!

Hier drei Tipps und einen Hinweis:

Ideale „Energie-Depot-Spritze".   Der Nüsli-Riegel macht´s auch.

Viel trinken, Mineralwasser!   **Das lassen wir aber!!**

Die Attacke: Der Angriff auf das Grün

Spielsituation 21:
Nur noch knapp 50 m trennen den Ball vom Loch. Dazwischen liegt ein Bunker.

Taktische Überlegung:
Nur noch ein Schlag bis auf das Grün. Die Distanz von ca. 50 m ist für einen Chip zu groß und für einen langen Schlag zu gering.
Der Ball muss hoch über den Bunker und auf dem Grün schnell zum Liegen kommen.
Schlagart: Standard-Pitch
Schlägerwahl: Sand-Wedge

Spielsituation 22:
Etwa 30 m vor der Fahne liegt der Spielball auf Gras im leicht hügeligen Gelände.

Taktische Überlegung:
Aufgrund des kleinen Hügels mit dem hohen Gras muss der Ball eine höhere Flugkurve nehmen und darf nicht weit rollen. Ein Standard-Pitch würde bedingt durch den Handgelenkeinsatz den Ball zu weit fliegen lassen. Eine andere Technik muss her.
Schlagart: Kurzer Pitch
Schlägerwahl: Sand-Wedge

Spielsituation 23:
Der Ball liegt im Gras ca. 10 m vor dem Grün und weitere 10 m zum Loch.

Taktische Überlegung:
Mit diesem Schlag muss der Ball so nahe wie möglich an das Loch heran.
Zwischen Ball und Fahne gibt es kein Hindernis, so dass der Ball nicht hoch und nicht weit fliegen muss.
Er soll eine flache Flugkurve nehmen und dann ausrollen, dicht an die Fahne heran.

Schlagart: Standard-Chip
Schlägerwahl: Eisen 8 oder 9

Spielsituation 24:
Der Ball befindet sich ca. 1,5 m vor dem Grün und weitere 6 m bis zum Loch.

Taktische Überlegung:
Eigentlich könnte man den Ball ja auch putten.
Ein langer Putt?
Nein, das Gras dazwischen ist zu hoch. Der Ball würde beim Hindurchrollen zu sehr gebremst werden.
Aber eine Kombination aus Standard-Chip und Putt wäre Erfolg versprechender.

Schlagart: Putt-Chip; *Schlägerwahl:* Eisen 7

Spielsituation 25:
Die Sandspiele sind eröffnet. Mitten im Grünbunker liegt der Ball im weichen Sand. Bis zur Fahne sind es noch etwa 20 m.

Taktische Überlegung:
Der Ball ist gut spielbar. Machst du aber einen „normalen" Schlag, dann fliegt der flach startende Ball garantiert gegen die Bunkerkante oder er jagt über das Grün hinweg.

Man braucht einen speziellen Schlag.
Schlagart: Standard-Bunkerschlag. *Schlägerwahl:* Sand-Wedge

Spielsituation 26:
Ein „Spiegelei", oder was? Der Ball ist im weichen Sand eingebettet. Zur Fahne etwa 15 m.

Taktische Überlegung:
Sieht ja wirklich wie ein Spiegelei aus. Da muss man genauer hingucken. Hat sich der Ball leicht oder tief eingebohrt?
Ist die Bunkerkante flach oder hoch?

Danach richtet sich, ob du das Schlägerblatt weiter öffnen musst oder nicht. In unserem Fall: Ball leicht eingebohrt; Bunkerkante nicht sehr hoch.
Schlagart: Variante des Standard-Bunkerschlages
Schlägerwahl: Sand-Wedge

Spielsituation 27:
Die Luftlinie Ball – Loch beträgt etwa 30 m. Links noch ein kleiner Bunker.

Taktische Überlegung:
Rund 30 m aus dem Bunker spielen zu müssen – das ist schon eine erhebliche Anforderung. Wahrscheinlich ist diese Entfernung für einen Sand-Wedge zu groß.
Gut ist, dass der Bunker eine niedrige Kante hat. Damit ist alles klar.

Schlagart: Langer Bunkerschlag
Schlägerwahl: Eisen 9 oder Pitching-Wedge

Spielsituation 28:
Der Ball rollte in den Bunker hinein und liegt etwa 10 m vom Loch entfernt.

Taktische Überlegung:
Das ist interessant:
Der Sand ist ziemlich hart, so, dass der Ball oben auf liegt. Die Bunkerkante ist sehr flach. Bis zur Fahne nur ein Katzensprung.
Was hindert dich also, etwas Unkonventionelles zu tun?

Schlagart: Ein normaler Chip. Ein Chip aus dem Bunker!
Schlägerwahl: Eisen 9 oder Pitching-Wedge

Auf dem „heiligen" Rasen, dem Grün

Geschafft, endlich auf dem Grün! Doch stopp, erst das Grün lesen, dann putten!

Hier einige „Lesetipps":

Was kann man denn schon auf dem Grün herauslesen? Oh, sehr viel, zum Beispiel ...
- ❖ die Beschaffenheit der Oberfläche,
- ❖ den Zustand des Grases (trocken, feucht),
- ❖ die Wachstumsrichtung des Rasens oder
- ❖ die Neigung der Spielfläche, Gefälle / Steigung, hängend oder eben.

Wozu ist das so wichtig?
Das ist wichtig, um ...
- ❖ die Zielpunkte präzise zu bestimmen und
- ❖ die richtige Geschwindigkeit für den Putt festzulegen.

Wer einen Break nicht erkennt, wird nicht das Loch treffen.

Fünf Regeln fürs Grünlesen:

1. Vertraue deinem ersten Eindruck auf dem Wege zum Grün.

2. Lies die Grüns zunächst immer bergauf. Denn der Blick bergab führt zu Unterschätzung des Breaks. Gehe dennoch „ringsherum" und schaue von allen Seiten.

3. Plane lieber mehr Breaks ein als zu wenig.

4. Unterteile die Breaks in Mehrfachbreaks. Beginne beim Loch. Du bekommst so ein besseres Bild vom Ballverlauf.

5. Vereine den Break und die Geschwindigkeit in deiner Vorstellung über den Putt.

Weiter geht's: Spielsituation 29:
Ein langer Putt.

*Also,
erst lesen ...*
Von der Distanz her ist es ein langer Putt. Der Golfplatzdesigner hat ein leicht welliges Grün gestaltet. Das Gras ist noch etwas feucht und wird daher den Ball ein bisschen bremsen. Deshalb etwas härter schlagen und ein wenig nach rechts zielen. Aber halte deinen Rhythmus.

Spielsituation 30:
Ein mittlerer Putt.

Komm, wir hocken uns hinter den Ball, so können wir die Puttlinie besser lesen. Was stellst du fest? Die Oberfläche ist ziemlich eben. Wie ein Stullenbrett. Man sollte auf Lochmitte anhalten/zielen.

Spielsituation 31:
Ein Bergauf-Putt.

Es ist gut zu erkennen, es geht leicht bergauf. Der Anstieg beträgt 2 bis 3 Grad. Die Schwerkraft bremst den Ball stärker als auf der flachen Ebene. Daher musst du den Ball etwas härter schlagen, aber mit dem Sweet Spot, bitte.

Spielsituation 32:
Ein Bergab-Putt.

Das Gefälle beträgt ca. 3 Grad. Nicht zu schnellen „Schüssen" verleiten lassen. Der Widerstand ist durch die Schräge geringer. Wer seinen Schlag nicht richtig dosiert, schießt weit über das Ziel hinaus. Tipp: Den Ball mit der Schlägerkopfspitze schlagen. Dadurch wird weniger Energie übertragen, die Schwunglänge kann gleich bleiben.

Spielsituation 33:

Ein Break-Putt, links

Die Oberfläche hängt, neigt sich nach links. Würdest du den Ball direkt aufs Loch spielen, ginge er links vorbei. Der Ball muss also einen Bogen nach rechts machen, um ins Loch fallen zu können.
An einer bestimmten Stelle bricht er dann nach links weg in Richtung Loch. Auf diesen Breakpunkt zielen.

Spielsituation 34:

Ein Break-Putt, rechts.

Das Grün ist wieder hängend, nach rechts diesmal.
Gut gelesen: Es ist ein Break.
Folge: Nach links ausrichten.
Kontrolliere die Geschwindigkeit des Schlägerkopfes.

Spielsituation 35:

Ein kurzer Putt.

Du solltest an deiner erkannten Puttlinie entschlossen festhalten.
Nicht zweifeln, das geht schief.
Das Grün ist hier eben.
Also, auf Lochmitte zielen. Halte den Kopf ruhig.
Und: Nicht verspannen! Sei cool!

Nach der Runde

Shake Hands und ein herzliches Dankeschön an unseren Pro für seine Hilfe und tollen Tipps in Vorbereitung des nächsten Wettspiels.
Auch das gehört zur Runde: Schläger und Bag wieder in Ordnung bringen.

Nachzählen   *Waschen*   *Abtrocknen*   *Entsorgen*

Vor allem aber das: Analyse nach der Trainingsrunde

1. Schätze dein Spielergebnis ein.
Heute ging es allerdings weniger um den Score. Deshalb führten die Spieler keine Scorecards. Das Zählen auf der Runde sollten Einsteiger unbedingt im Training üben, um sich beim Wettspiel nicht allzu sehr mit dem „Schreiben" zu belasten. Wenn du dann ein zählbares Ergebnis, sprich die Anzahl der Schläge, ermittelt hast, kannst du eine Bewertung deines Leistungsstandes vornehmen und Schlussfolgerungen ziehen.

2. Analysiere, wie du spieltechnisch 'drauf warst.
Wenn du weiter vorankommen willst, wirst du dir künftig unterwegs einige Notizen darüber machen, ob und wie dir die Schläge gelungen sind. So zum Beispiel:
- ob du mit dem Abschlag das Fairway getroffen hast oder
- wie viel und welche Annäherungsschläge nötig waren, um auf das Grün zu kommen oder
- wie viel Putts du pro Loch gebraucht hast.

3. Überlege, wie dein spieltaktisches Verhalten war.
Schätze ein, wie du diese spieltaktischen Überlegungen umgesetzt hast:
- Bevor du abschlägst, mache einen Plan und teile die Schläge vom Abschlag bis zum Einlochen auf.
- Vor jedem Schlag immer erst nachdenken und dann schlagen.
- Plane lieber einen Schlag mehr ein. Meistens ist das besser als ein Risikoschlag, der im Wald oder Rough landet.
- Mache dein Spiel, lass dich nicht von Mitspielern ablenken.
- Merke dir, wo du Erleichterung in Anspruch nehmen kannst. Dafür bekommst du bekanntlich keinen Strafschlag.
- Sei cool, manchmal ist es besser, du erklärst den Ball für unspielbar, legst dir den Ball entsprechend der Golfregel in eine günstigere Position und bekommst nur einen Strafschlag dafür.

III. Golf als Wettkampfsport

1. Wettspielformen

Hier sollen nur auf vier Spielformen vorgestellt werden, die im Juniorgolf oft und gerne Anwendung finden.

1.1 Das Einzel-Zählspiel

Hier die wichtigsten Merkmale:

- ❖ Das Zählspiel erfolgt über eine festgesetzte Runde über 18 bzw. 9 oder mehr Löcher.

- ❖ Die Anzahl der Schläge wird pro Spielbahn in der Scorekarte notiert, dafür ist der Zähler zuständig.

- ❖ Nach Abschluss der Runde werden alle Schläge addiert, dies geschieht in Verantwortung der Spielleitung.

- ❖ Gewinner ist derjenige, der für die festgesetzte Runde die wenigsten Schläge benötigt hat, ungeachtet seiner Vorgabe.

- ❖ Diese Gesamtanzahl der Schläge ist das Brutto-Ergebnis.

- ❖ Das Netto-Ergebnis entsteht, indem die Vorgabe/Handicap von der Brutto-Schlagzahl abgezogen wird.

1.2 Das Zählspiel nach Stableford

Der Engländer Dr. Frank Stableford of Wallasey hat 1931 eine Zählweise vorgestellt, die weltweit Zustimmung fand, jedoch erst 1968 offiziell anerkannt wurde.

Beim Stableford-Spiel wird, wie oben bereits erwähnt, an jedem Loch nach Punkten gerechnet, die im Verhältnis zum Par des Loches (Par 3, 4 oder 5) vergeben werden.

Das heißt, die Anzahl der Schläge pro Loch wird in Punkte umgerechnet.

Dies geschieht auf der Grundlage der „Offiziellen Golfregeln" Regel 32-1.b:

Schlagzahl gleich Stableford-Punkte pro Loch	
2 über Par	0 Punkte
1 über Par	1
Par	2
1 unter Par	3
2 unter Par	4
3 unter Par	5

Am leichtesten ist, du merkst es dir so:

> 1 über Par = 1 Punkt.
> Den Rest leitest du dann ab.

Ausgehend von dieser Tabelle werden „Brutto-Punkte" und „Netto-Punkte" vergeben.

Zur Brutto-Wertung:
Beim „Brutto" kommen die tatsächlich gespielten Schläge zur Anrechnung.
Beispiel: Auf dem kurzen Par 3 hast du 3 Schläge benötigt, um einzulochen. Du hast also ein Par gespielt und bekommst laut Tabelle dafür 2 Punkte in der Brutto-Wertung. Auf dem anschließenden Par 5 spieltest du 7 Schläge, das sind 2 über Par, dafür gibt es leider keinen Punkt.

So spielt man Loch für Loch, am Ende werden die Brutto-Punkte addiert.

Wer die meisten hat, ist der „Brutto-Sieger".

Zur Netto-Wertung:
Für dich ist aber die Netto-Wertung viel interessanter, weil von deiner tatsächlichen Schlagzahl dein Handicap abgezogen wird. Die Punkte-Wertung bezogen auf jedes zu spielende Loch funktioniert so:

Zunächst wird eine Vorgabe pro Loch vergeben:
Das heißt, die Vorgabe/das Handicap des Spielers wird auf die einzelnen der 18 Löcher, beginnend beim schwierigsten, verteilt. Nehmen wir mal für dich an, du hast gerade dein erstes Handicap erspielt: Hcp. 54. Daraus folgt für dich:
Vorgabe 54 : 18 Löcher = Vorgabe 3 pro Loch.

So erhältst du für jedes Loch 3 Vorgaben-Schläge. Auf deiner Scorekarte erscheinen die verteilten Vorgabenschläge als Striche in der Querspalte des jeweiligen Loches. In der Golfsprache heißt es dann, „du hast 3 Schläge vor".

Das Ausrechnen der Stableford-Netto-Punkte erfolgt so:

An jedem Loch ziehst du die Anzahl der Vorgabenschläge von den tatsächlich gespielten Schlägen einfach ab!

Greifen wir das obige Beispiel wieder auf: Auf dem Par 5-Loch hattest du 7 Schläge benötigt. In der Netto-Wertung kannst du nunmehr deine 3 Vorgabenschläge davon abziehen. Einfache Rechnung:

$$7 \text{ Schläge} - 3 \text{ Vorgabenschläge} = 4 \text{ Schläge.}$$

Du hast also fiktiv 4 Schläge gespielt. Schauen wir auf die Punkte-Tabelle oben:
Vier Schläge bedeuten 1 unter Par, dafür bekommst du jetzt 3 Punkte in der Netto-Wertung für dieses Loch! Phantastisch, oder?

Zur Erinnerung:
Deine Brutto-Punkte (ohne Vorgabenschläge) waren gleich Null.
Du siehst, die Netto-Wertung ist viel „lieblicher".
Nach diesem Prinzip werden deine Ergebnisse Loch für Loch in Netto-Punkte und Brutto-Punkte von der Spielleitung umgerechnet und addiert. Du musst das nicht tun, denn du willst ja vor allem spielen und nicht rechnen. Als Zähler trägst du nur die Schlagzahl ein, keinesfalls die Punkte.

Wichtig ist in diesem Zusammenhang aber folgendes:
Kannst du aufgrund der hohen Schlaganzahl am Loch keine Punkte mehr erreichen, dann nimmst du im Stableford-Zählspiel den Ball auf.

Dieses Verhalten entspricht der Golfetikette und trägt zum zügigen Spielverlauf bei.

Zur Ergänzung:
Die Aufteilung der Vorgabenschläge ist bei Handicap -54 relativ einfach.

Was aber tun, wenn du mal bei Handicap -25 angelangt bist?

Die Rechnung: Vorgabe 25 : 18 Löcher = 1,38 würde sich praktisch nicht umsetzen lassen.

Deshalb verteilt man zunächst 18 Vorgabenstriche, d. h. ein Vorgabenstrich pro Spielbahn. Die restlichen 7 werden ebenfalls nach dem Prinzip der Schwierigkeit auf weitere 7 Löcher verteilt. Also, das schwierigste Loch, das zweitschwierigste Loch usw. bis zum siebent schwierigsten Loch erhalten je 1 Strich dazu, so dass du jetzt an diesen Löchern 2 Vorgabenstriche und insgesamt 25 Vorgabenschläge hast.

Übrigens, die Schwierigkeitseinstufung geht bis zum
18. Loch = Hcp der Spielbahn = „Vorgabenverteilung".

FAZIT:

Das Stableford-Zählspiel ist vor allem aus zwei Gründen interessant:

- ❖ Als Einsteiger kann man kann sich in der Netto-Wertung gar mit deutlich besseren Spielern vergleichen und unter Umständen auch besser abschneiden als dieser.

- ❖ Es ist Grundlage für die Ermittlung und Fortschreibung des Handicaps der Golfer.

1.3 Der Klassische Vierer

Ein Klassischer Vierer ist ein Spiel, bei dem immer zwei Partner gegen zwei andere antreten.

- ❖ Das Paar spielt zusammen nur einen Ball.
- ❖ Es muss immer abwechselnd geschlagen werden.
- ❖ Im Vorhinein wird festgelegt, wer an den geraden und wer an den ungeraden Löchern abschlägt.
- ❖ Nach dem Drive dann abwechselnd bis zum Einlochen spielen.
- ❖ Strafschläge beeinflussen nicht die Spielreihenfolge.
- ❖ Den Bruttoscore pro Loch eintragen.
- ❖ Am Ende wird davon die Vorgabe abgezogen, um den Nettoscore zu errechnen.
- ❖ Zur Ermittlung der Vorgabe für das Paar: die Spielvorgaben beider Spieler addieren und durch zwei teilen.

Das Paar mit dem niedrigsten Nettoscore ist Sieger.

1.4 Das Texas Scramble

Das ist ein sehr populäres Vierball-Teamspiel auf Zählspielbasis. Nach den Abschlägen aller 4 Spieler hat die Spielergruppe die Möglichkeit, den Ball weiterzuspielen, der am günstigsten liegt. Das Team entscheidet, welcher Ball am besten liegt, um von dort den nächsten Schlag zu machen. Die anderen 3 Bälle werden aufgenommen.

An der ausgewählten besten Stelle wird gedroppt und jeder Spieler darf von dort seinen Ball weiterspielen.

Danach wird wieder der beste Ball ausgewählt und alle Spieler führen den nächsten Schlag von dort aus.

In dieser Weise wird gespielt, bis das Grün erreicht ist. Auf dem Grün wird der beste Ball markiert und alle putten von derselben Stelle. Wenn der erste Spieler eingelocht hat, ist das Loch zu Ende.

Der Bruttoscore wird in die Scorekarte eingetragen und nach Beendigung der 9 bzw. 18 Löcher addiert.

Eine Netto-Wertung ist ebenfalls mögliche, aber etwas komplizierter zu ermitteln.
Die Vorgabe, die vom Bruttowert abgezogen werden soll, resultiert aus der Addition von:
- ❖ 0,1 x des höchsten Handicaps;
- ❖ 0,2 x des zweithöchsten Handicaps;
- ❖ 0,3 x des dritthöchsten Handicaps;
- ❖ 0,4 x des niedrigsten Handicaps.

Netto-Gewinner ist die Spielergruppe, die die meisten Stableford-Punkte netto erspielt hat.

Bei Gleichstand entscheidet das Ergebnis der Löcher 1,3,6,9.

2. Über die Wettkampfteilnahme

Wie in anderen Sportarten, so auch beim Golfen:
Die Teilnahme an Wettkämpfen ist das „Salz in der Suppe". Golfwettspiele oder Golfturniere sind Höhepunkte im Leben eines Golfsportlers. Für den Sieg oder ein gutes persönliches Ergebnis trainieren die Sportler unzählige Stunden. Damit auch deine Teilnahme ein persönlicher Erfolg für dich wird, hier nun einige praktische Tipps rund um die Golf-Wettspiele.

2.1 Das Wettspieltraining - die beste Vorbereitung

Wichtig ist, dass du dich körperlich und mental auf den Wettkampf vorbereitest. Gute Trainer werden deshalb einige Wochen oder Tage zuvor ein spezielles Wettspieltraining mit eurer Trainingsgruppe durchführen. Es stellt an dich hohe Anforderungen, da in dieser Phase das Technik-Training, die Taktik-Schulung, Fitness-Übungen sowie mentales Training miteinander kombiniert und schwerpunktmäßig abgestimmt werden.
 Es findet also ein Training unter wettspielähnlichen Bedingungen statt. Nach dem Aufwärmen spielst du in einem Flight und wendest deine technischen und spieltaktischen Kenntnisse sowie dein Regelwissen an.
 Du nimmst Nahrung auf und trinkst viel, schließlich kann dieses bei einem Wettspiel ausschlaggebend sein. Deshalb gehört die richtige Nahrungsaufnahme mit in das Trainingsprogramm.
 Nun wirst du sagen, Essen und Trinken kann doch jeder.
Falsch! Beobachte doch einmal, was ein ungeübter Golfer alles in sich „hineinschüttet": süße Coca-Cola, fette Buletten usw.

Solltest du noch unsicher in der Handhabung der Scorekarte sein, so übe auch das einmal. So wirst du daran gewöhnt, deine komplexen Trainingsleistungen auf das Wettspiel zu übertragen.

2.2 Der Wettkampftag

Natürlich bist du pünktlich am Treffpunkt deiner Trainingsgruppe und sorgst mit dafür, dass ihr ungefähr eine Stunde vor Tee-Time auf der Driving Range seid, um euch in Ruhe und gezielt auf den Start vorzubereiten. Nach einem nochmaligen Check-the-Bag sowie einer intensiven Erwärmung kann es endlich losgehen.

Für das Wettspiel selber solltest du folgendes beachten:
- Sei rund 10 Minuten vor der Startzeit am Abschlag.
- Tausche mit deinen Mitspielern die Scorekarte.
- Kläre, wen du zählen musst und wer dein Zähler ist. Überprüfe die Richtigkeit der Angaben (Nach der Runde unterschreiben und abgeben, nicht vergessen!).
- Schlag deinen ersten Drive locker ab und mache dein Spiel.
- Spiele das, was du trainiert hast, was du kannst. Lasse dich niemals von deinen Mitspielern zu unbedachten Schlägen hinreißen. Wenn dieser z. B. weite Fairwayschläge mit einem Holz macht, du jedoch ausschließlich mit Eisenschlägern trainiert hast, dann bleibe dabei, auch wenn deine Schläge kürzer sind. Hebe dir das Ausprobieren für das Training auf.
- Beachte genau die Etikette. Das hat mit Fairness zu tun.
- Halte die Golfregeln ein. Schummeln ist fies.
- Erfülle gewissenhaft deine Aufgabe als Zähler. Frage aber nicht nach jedem Schlag, wie viel der andere Spieler hat.
- Halte dich während des Wettspiels warm. Nutze kurze Pausen während des rund 4 bis 5-stündigen Wettspiels für kleine Lockerungsübungen, aber ohne Mitspieler zu stören.
- Nimm während der Runde Nahrung auf. Kleine Müsli-Riegel, Banane. Manche meinen: Armer Golfer! Nein, du musst dem Körper wieder Energien zuführen. Das ist verdammt wichtig. Trinke bevor du Durst hast. Keine süßen Sachen! Mineralwasser oder Apfelschorle, zum Beispiel.
- Nicht vergessen: Bedanke dich nach der Runde bei den Flight-Mitgliedern für das schöne und faire Spiel.

2.3 Nach dem Wettspiel

Eine Nachbetrachtung oder, anders ausgedrückt, die Wettspielanalyse ist sehr wichtig für dich. Hieraus ergeben sich Schlussfolgerungen für dein weiteres Training.

War dein Spiel erfolgreich, so wird es dich in eine freudvolle Stimmung versetzen. Du wirst mit Zufriedenheit und mit Vertrauen auf deine Spielstärke ins nächste Training gehen. War dein Spiel nicht so, wie du es dir vorgestellt hattest, so sollte es dich anspornen, noch gezielter zu üben. Zuvor musst du aber analysieren, was hat gut und was nicht so gut geklappt.

Am besten ist es, wenn du dir selbst einige Fragen zum Wettspiel stellst und sie mit deinem Trainer versuchst, zu beantworten.

Solche Fragen könnten sein:

- ❖ Welche Schläge haben dir Schwierigkeiten bereitet?
- ❖ Wie oft hat dein Drive das Fairway erreicht?
- ❖ Wie viel Putts pro Loch hast du gebraucht?
- ❖ Welche Spielsituation hat dir spieltaktische Probleme gemacht?
- ❖ Warst du konditionell gut ´drauf?
- ❖ Konntest du dich konzentrieren?
- ❖ Bist du mit den Umwelteinflüssen (Wetter, Platz usw.) zurechtgekommen?
- ❖ Welche Strafschläge wurden dir angerechnet?
- ❖ Wie war die Atmosphäre im Flight?
- ❖ War dein Runden-Proviant ausreichend?

Die Antworten darauf könnten dir helfen einzuschätzen, wie effektiv und zielgerichtet das Training war und was künftig zu tun ist.

In diesem Sinne, Allzeit ein schönes Spiel!

Anhang: Literaturhinweise

Hier die 25 Publikationen von Rainald Bierstedt auf einen Blick
(*siehe auch unter: www.schul-golf.de*):

Aktuell
1. „ABSCHLAG GOLF: JUGEND & OLYMPIA". Handbuch
2. „GOLF-OLYMPISCHES VON A BIS Z" (2. Version)
3. „SCHULSPORT GOLF". Lehrer-Handbuch (Vorank. 2017)

Junior Reihe: Beiträge zur Verbreitung der Olympischen Idee
4. „Olympische Spiele und Golf". Teil 1 (2. Version)
5. „Olympische Idee und Ideale im Golf". Teil 2 (2. Version)
6. „Fair geht vor! Und Spirit of the Game! Teil 3 (2. Version)
7. „Citius – Altius – Fortius". Teil 4 (2. Version)
8. „Golf-Olympisches Workbook". Teil 5 (2. Version)

Außerdem sind erschienen:
Zum Themenfeld GOLF & SCHULE:
9. „Schule + Golf = Schulgolf". Golf im Unterricht
10. „Das 1 x 1 des Caddying". Projekt zur Golf WM
11. „Die kleine Golfregel-Fibel". Über Etikette und Golfregeln
12. „Auf der Runde". Technik und Taktik-Tipps
13. „Grundwissen Golf". Was man über Golf wissen sollte
14. „Golfsprache Englisch". Words/Phrases/Backgrounds
15. „Golf in der Schule". Lehrer-Handreichung
16. „Golfen ist cool!". Schüler-Handbuch
17. CD-ROM: „Golf-Blätter". Über 130 Kopierseiten
18. CD-ROM: „Pädagogisches". Rahmenlehrplan Golf u.a.m.
19. CD-ROM: "Easy English". Golfsprache Englisch
20. DVD: "Caddying". Ein Lehrfilm, Schülerprojekt
21. Bildband: „20 Jahre Schulfach Golf und vieles mehr"
22. CD-ROM: „Wahlpflichtfach Golf". Impressionen

Zum Themenfeld OLYMPIA-GOLF-JUGEND
23. „Abschlag Rio: Jugend trainiert *GOLF* für Olympia"
24. „Das Arbeitsheft zum Buch ‚Abschlag Rio ...". Format A 4
25. CD-ROM: „Arbeits- und Kopiermaterialien JFTO"

Außerdem:

Die komplette Literaturliste

und Bildnachweis

für die gesamte Reihe,

siehe Teil 5.